Lb 48 167

# LES CONSPIRATEURS A ROME
## ET LES CONSPIRATEURS A PARIS,

PARALLÈLE HISTORIQUE, POUR SERVIR A L'ÉCLAIRCISSEMENT D'UNE GRANDE QUESTION EN 1815.

PAR M. A*** , des Basses - Alpes.

*............ad pœnas præceps, ad præmia velox,
............dolet quoties cogitur esse ferox;
Et jacet invita fulmina rara manu.*

OVID. *de Ponto*, lib. I. [ *Voy. la note* (45). ]

A MARSEILLE,

De l'Imprimerie de Joseph-François ACHARD, au boulevard du Musée.

M DCCC XV.

Tous les exemplaires seront revêtus de la signature de l'éditeur.

# AVANT-PROPOS.

Tout semble dit sur la trahison et sur les traitres. Un cri universel s'est élancé contre eux du fond des consciences; la plus juste indignation a prêté ses armes au plus faible talent et déjà les ressources de la langue sont comme épuisées. Il est donc naturel de croire que l'écrivain, qui s'exerce encore sur ce triste et fatal sujet, cède moins à l'espoir d'ajouter à la conviction des vrais amis de la Patrie, qu'au besoin d'exprimer des sentimens dont l'énergie devient fatigante pour l'ame et lui fait un besoin de s'épancher.

Toutefois, je ne me serais point exposé à accroître, par des veilles perdues, la masse des écrits politiques que chaque jour voit naître et mourir, si je ne m'étais persuadé qu'il restait des hommes à convaincre; et qu'on pouvait encore envisager la conspiration du 20 mars sous des rapports, plutôt négligés, sans doute, qu'inaperçus; qu'on pouvait, par exemple, tirer quelque utilité du rapprochement de cette conspiration avec des événemens du même genre, consignés dans les fastes de tous les peuples.

Quand l'excès de la perversité sociale et l'abus de l'esprit sont arrivés au point d'altérer, de confondre les notions les plus simples de la justice, et les clartés les plus évidentes de la raison; recourir au témoignage constant des peuples, consulter l'expérience des tems écoulés, c'est, à mon sens, le moyen le plus simple et le plus sûr de rectifier les fausses appréciations, et de déterminer la nature des choses en morale et en politique.

Et il serait absurde d'en douter : un grand nombre de Français ont encore la vue fascinée; ils ont perdu la faculté de juger les faits dans les faits. Leur prouver par l'autorité de l'histoire, que des attentats moins odieux que celui de la conspiration contre Louis XVIII, excitèrent, chez des peuples libres et éclairés, une horreur au moins égale à celle que nous éprouvons, et furent plus sévèrement punis, c'est peut-être un moyen de les ramener.

Tel est le but que je me serais proposé d'atteindre s'il m'avait été permis de développer mes idées sur un plan proportionné, par son étendue et son exactitude, à l'importance de la matière. Mais, forcé de marcher de front avec les circonstances, pour éviter le risque de n'être pas lu, j'ai plutôt indiqué que suivi complétement ce parallèle. Je suis loin d'avoir traité tout mon sujet. On pourra me faire, encore, parmi d'autres reproches, celui de n'avoir pas assez fait ressortir la différence des obligations et des lois que Catilina et ses complices, Napoléon et les siens, avaient respectivement à violer pour consommer leur criminelle entreprise. La victoire, si Catilina avait triomphé, l'aurait peut-être absous aux yeux de ses contemporains; il n'avait point de trône à détruire, de Roi légitime à frapper, ni de sermens à fouler aux pieds. La république romaine, victime des factions, était comme une proie destinée au plus hardi, ou au plus fortuné de ces ambitieux, dont les prétentions étaient toutes également coupables ou également justes. » Rome devait être abattue, dit Montesquieu, il n'était plus question que de savoir par qui elle le serait. »

Cependant, dans la rapidité de ma marche, j'ai mis le lecteur attentif à portée de faire les rapprochemens de détail auxquels je ne pouvais pas m'arrêter; et j'ai souvent rejeté, dans les notes, des réflexions qui auraient pu nuire à cette brièveté que je me suis, peut-être, trop rigoureusement imposée.

On m'objectera encore, que j'aurais pu trouver un terme de comparaison plus favorable à mon dessein que la conjuration de Catilina, parmi le grand nombre d'époques semblables que fournit l'histoire. J'en conviens; mais la conjuration de Catilina est beaucoup plus généralement connue, ce qui m'a évité de longs détails. Le nom de Catilina est, pour ainsi dire, devenu celui du génie même de la conspiration. Ajoutez que Salluste a écrit son histoire, et que je ne pouvais choisir un auxiliaire plus propre à faire excuser mon insuffisance personnelle.

———

N. B. *Relativement à la protestation dont il est question à la page 29 du texte et à la note* (39), *voyez* le Projet de l'Adresse aux Français, *dans le moniteur du premier juillet.*

# LES CONSPIRATEURS A ROME

ET

# LES CONSPIRATEURS A PARIS,

*Parallèle historique, pour servir à l'éclaircissement d'une grande question.*

~~~~~

La Vérité, toujours rare et difficile pour les contemporains, obscure et tardive pour la postérité; la Vérité, échappe bien plus encore à nos recherches et à nos vœux, dans l'agitation des crises politiques. Là, tous les intérêts sont en mouvement, toutes les passions déchaînées. Quelle confusion d'idées et de systèmes! Quel chaos de vues, de sentimens et d'opinions contraires! La raison est aux fers; le jugement est esclave : c'est la prévention qui recueille et présente les faits, l'exagération qui les discute, l'esprit de parti qui les apprécie; enfin, c'est la haine qui prononce.

Les difficultés redoublent, et deviennent presque décourageantes pour les peuples vieillis dans les orages des révolutions et parmi les quels chaque parti a usé et abusé, à son tour, des moyens et des principes.

Telle est notre condition actuelle. On a, d'ailleurs, tant éclairé les hommes, que rien ne demeure d'une évidence absolue, dans les règles fondamentales qui servent à déterminer le caractère des actions humaines. ( 1 )

Les armes du raisonnement sont usées : les mots ne sont plus pour nous que des signes sans valeur; pareils à ces pièces de monnaie dont l'usage a effacé le type, et qu'on est forcé d'offrir au rabais.

Ainsi, la parole fonda les premières sociétés, et l'abus de la parole tend au renversement des empires. ( 2 ) Depuis vingt-cinq ans, l'éloquence des orateurs qui se sont succédés dans nos assemblées délibératives, n'a été qu'un feu destructeur, dévorant, dont les mornes clartés n'ont brillé que sur des débris! (3)

Nous venons de voir, naguères, avec quelle funeste habileté, des hommes doués d'esprit autant que dépourvus de bonne foi et de pudeur, ont essayé de transporter, à certains objets, la couleur de quelques autres; et comment ils ont dénaturé les termes, en s'efforçant de dénaturer les choses. Trahir son serment, son Roi et son pays, cela s'est appelé *rester fidèle à ses devoirs, être ami de la dignité nationale*.

Tromper une partie de la nation, l'égarer en l'effrayant avec les mots et les images non moins fantastiques qu'odieux de dîme, de féodalité, (*a*) de superstition, cela s'est appelé *rétablir le règne des idées libérales*. Sur un trône relevé et consacré par les droits les plus certains, le caractère le plus auguste et la vertu la plus sublime, replacer, par la perfidie et la violence, et parmi les cris d'effroi de tous les gens de bien, un tyran détestable, cela s'est appelé *rendre au peuple souverain ses droits usurpés*. Profiter d'une ardeur généreuse et d'un admirable instinct d'héroïsme, pour conduire à la boucherie des milliers de braves soldats, se sauver tandis qu'ils tombent, cela s'est appelé *rester inébranlable au poste d'honneur et mourir pour la patrie*. (4) Enfin, ô Lecteur! jouir en paix du fruit de ses rapines, conserver des titres sans origine et sans aveu, étaler le faste insultant du crime fortuné devant la vertu indigente, et l'innocence rebutée, cela

---

(*a*) Nos derniers législateurs ont enchéri, qui le croirait! sur leurs devanciers, en régénération : ils ont eu l'audace dérisoire de menacer le peuple du retour du *servage de la glèbe*, que personne ne s'est avisé de craindre depuis l'affranchissement des communes, opéré, comme on sait, depuis quelques siècles; et pourtant de pareils moyens n'étaient pas sans succès! On ne peut jamais aller trop loin, quand on spécule sur l'ignorance et la crédulité de la multitude.

s'est appelé, ô comble d'impudeur ! cela s'appelle encore *être opprimé, être persécuté, être malheureux.*

Tous les prestiges de l'art, toutes les ressources du talent, ont été appelés pour remplir l'intervalle immense qui existe entre des choses de nature si essentiellement différente, et pour effacer jusqu'aux moindres apparences du contraste que nous venons de présenter dans toute sa nudité.

Tous ces efforts sont perdus; non, vous ne parviendrez pas, sophistes audacieux, à altérer, à détruire les principes d'éternelle justice qui sont votre arrêt de mort. (5) L'instinct moral se révolte encore dans le cœur de l'homme juste, quand vous avez pu fasciner ses yeux et troubler son intelligence. Non, vous ne séduirez plus personne. Assez et trop long-tems vous nous avez trompés, vendus, sacrifiés. Reprenez, remportez avec vous, vains Alchimistes politiques, ce *caput mortuum* (6) de douleur et de honte que vous prétendiez nous laisser en échange de notre bonheur détruit. Allez, et qu'avec vous disparaissent à jamais ces chaînes, ces prisons et ces sanglans échafauds qui, pendant vingt-cinq ans, vous ont tenu lieu de fourneaux et de creusets, pour vos déplorables expériences. La pierre philosophale politique (7) que vous cherchiez, nous l'avons trouvée, grâces à vos crimes. C'est le gouvernement qui empêche vos pareils de naître, ou qui sait les anéantir, quand ils sont nés.....

Et vous hommes simples, mais estimables, dont ils ont pu fausser le jugement, pervertir l'opinion; vous qui cherchez à vous soustraire au tourment d'anxiété, qui résulte de l'impuissance de distinguer le bien d'avec le mal, et le scélérat de l'honnête homme; s'ils ont pu un moment imposer à votre faible raison, et si leur sort, quel qu'il soit aujourd'hui, pouvait émouvoir votre générosité imprudente, venez, suivez mes traces; c'est pour vous que j'écris : consultons ensemble les dépôts de l'expérience, afin de revenir aux saines théories. (8) D'autres tems virent des troubles et des révolutions, des conspirations et des traîtres; d'autres lieux virent de hardis scélérats bouleverser leur patrie; au nom de la liberté et de la justice. (9) Voyons comment ils furent universellement jugés, et qu'une page de l'histoire nous évite une discussion, sur le véritable bon droit, qui devient superflue depuis que les mots n'ont plus qu'un sens variable et arbitraire.

Pour vous, qui jadis républicains téméraires, anarchistes audacieux, rampans esclaves depuis, fauteurs de tous les crimes de la tyrannie, inventeurs de toutes les bassesses qui l'ont exaltée, ( 10.) puis républicains encore ; vaincus et pourtant insoumis et rebelles, ne perdez l'espoir ni d'une nouvelle lutte, ni d'une dernière victoire; vous que poursuit l'indignation de tous les cœurs généreux, (11) vous ne vous plaindrez pas. Tenez : cette mère antique de la liberté et du patriotisme, cette Rome si fameuse qui vous fournissait jadis vos argumens, vos exemples et vos armes, (12) je l'évoque un moment en votre faveur.

De toutes les époques de l'histoire des peuples, avec lesquelles l'époque présente paraît avoir de plus nombreux rapports, la plus frappante, sans contredit, est celle où Rome fut à la veille d'être en proie aux fureurs de Catilina. Aucune, ce semble, ne fournirait plus convenablement la matière d'un rapprochement lumineux. Changez quelques noms, supprimez quelques détails de localité, et c'est notre histoire ; et Salluste paraît avoir raconté les événemens qui viennent de se passer sous nos yeux. (13)

Lecteur, à l'époque où Catilina tenta d'asservir sa patrie, Rome si puissante, n'était pourtant déjà plus, la Rome glorieuse, la Rome pauvre, vertueuse et libre des Cincinatus et des Régulus. Elle recelait, dans son sein, toutes les passions, tous les vices et tous les crimes.

L'excès du luxe avait enfanté l'extrême cupidité et l'extrême misère. (14) Tous les élémens d'une prochaine révolution fermentaient dans le sein de cette cité malheureuse, l'altération des mœurs amenait à grands pas, amenait invinciblement la nécessité d'un nouveau système de Gouvernement, (15) et ce que l'audace impétueuse de Catilina entreprit vainement alors, l'habileté et les ressources mesurées de César l'exécutèrent quelques années après.

On sait comment Catilina échoua dans son entreprise, et comment la sagesse du consul sauva Rome. Les députés Allobroges que les conjurés avaient tenté de séduire, découvrirent tous les fils de cette horrible trame et livrèrent une partie des conjurés au passage du pont Milvio. Lentulus, Cethegus, Statilius, Gabinius furent arrêtés dans la ville même, le jour qui précéda l'incendie projeté de Rome, et le massacre des sénateurs; et tous ensemble conduits et gardés au temple de la Concorde. (16)

Cependant Catilina sorti de Rome, peu de jours après l'énergique harangue de Cicéron dans le sénat, (17) était en ce moment aux portes de la ville à la tête de son armée. D'un autre côté, les clients et les amis des conjurés travaillaient dans Rome même, à la prochaine délivrance de ces derniers. Le péril était aussi grand qu'imminent; il fallait statuer sur leur sort. Rendus à la liberté, les conjurés allaient fortifier l'armée de Catilina; et chacun d'eux préparait, peut-être, un autre Catilina à la République. L'impunité des chefs encourageait au crime une multitude séditieuse, pauvre, affamée de pillage; la République était perdue.

Condamnés, au contraire, leur sort frappait d'épouvante la foule des traîtres; le génie protecteur de Rome reprenait son ascendant, on se ralliait autour du Sénat, (18) et l'hydre de la rebellion était anéantie.

On voit maintenant combien il est aisé d'établir les termes respectifs de ce remarquable parallèle. Parmi nous, en ce moment, la conjuration, qui tendait au renversement de tout ce qu'il y a de légitime, n'est pas seulement découverte; elle a été anéantie après un court et malheureux triomphe. Mais les élémens d'une conspiration nouvelle subsistent et sont à la veille de se combiner de nouveau. Les coupables n'ont pas été conduits, ils ne sont pas gardés au temple de la Concorde, ni dans les prisons de l'État: la plupart, par l'effet d'une inconcevable tolérance, sont libres encore; bien plus, ils murmurent, menacent, et s'occupent visiblement à renouer les fils brisés de cette trame infernale. ( 19 ) Une armée, des armées nombreuses sont dans nos murs, à nos portes ; ce ne sont point des ennemis, ce sont des alliés ; mais des alliés qui se sont armés contre les fureurs de nos tyrans et qui se préparent à nous traiter comme leurs complices si nous tardons à leur donner, par le supplice des perturbateurs du monde, la garantie de notre tranquillité future. Ainsi, à cet égard, malgré la différence des faits, en principe, les conséquences, les résultats probables restent les mêmes.

Tel est l'état des choses ; écoutons maintenant César parlant en faveur des conjurés, et Caton combattant l'avis de César de toute la puissance de la raison, du génie et de la vertu. ( 20 )

César, fort de l'ascendant qu'il tenait de la naissance la plus illustre, des talens les plus distingués et surtout de l'éloquence la plus persuasive, César, qui penchait en faveur des conjurés, ( 21 ) se garde bien cependant de chercher à pallier leur crime et de demander leur grâce. Il avoue que leur forfait surpasse tout ce que l'on pourrait imaginer, et que nul supplice ne saurait être proportionné à son énormité. Mais il conjure le Sénat de concilier les intérêts de la justice avec ceux de sa gloire. » Vous devez, leur dit-il, être étrangers à tout mouvement de colère ou de haine. Le monde a les yeux sur vous ; craignez, en condamnant les coupables au dernier supplice, de paraître céder au ressentiment personnel plutôt qu'aux inspirations de l'amour de la patrie : une noble impassibilité peut seule vous convenir. D'ailleurs, ajoute-t-il, les punirez-vous davantage, en les privant d'une vie qui doit leur être odieuse désormais? La mort n'est-elle pas plutôt un bienfait, dans une situation pareille, puisqu'elle est l'absolue cessation de notre être, de nos plaisirs et de nos douleurs? (22) »

» Tous les exemples, ajoute-t-il, dont on abuse
» le plus ont été, dans l'origine, des actes de
» sagesse. Dans notre siècle, lorsque Sylla
» vainqueur fit égorger Damasippe et d'autres
» misérables de cette espèce, qui avaient fait
» servir les malheurs de l'état à leur élévation,
» qui n'approuvait point Sylla? On disait que
» c'était des scélérats, des factieux, qui avaient
» bouleversé la République par leurs séditions,
» et qu'on avait eu raison de s'en défaire. Mais
» cette première injustice fut le commencement
» des plus grandes horreurs, etc. »

» Assurément, continue-t-il, ni Marcus Tul-
» lius, ni les conjonctures présentes, ne nous
» laissent rien craindre de pareil. Mais dans
» un grand état, tous les esprits ne sont pas
» les mêmes. Il se peut que, dans un autre

» tems, sous un autre Consul, qui disposera
» également de l'armée, une imputation fausse
» soit crue véritable. Lorsque, d'après cet exem-
» ple, le Consul, armé du décret du Sénat,
» aura fait couler le sang, qui prescrira le point
» où il faudra qu'il s'arrête ? »

Il conclut, en s'autorisant de la loi Porcia, ( qui défendait de punir un citoyen condamné autrement que par l'exil) à ce que les coupables soient gardés et retenus prisonniers dans les villes d'Italie les plus sûres, et il veut qu'on ne puisse jamais proposer leur rétablissement, au Sénat ni au peuple, que le Sénat déclare, dès ce moment, traître à la patrie et perturbateur du repos public, celui qui oserait contrevenir à cette dernière disposition du décret.

Tous ceux qui eurent à parler après César, n'osèrent dire qu'un mot pour approuver, soit un avis, soit un autre; mais Caton prononça le discours que voici : (*a*)

» Je vois l'affaire bien différemment, Pères
Conscrits, soit que j'envisage la chose-même
et le péril où nous sommes, soit que je me livre
aux réflexions secrètes que me font naître quel-

―――――――――――――――――

( *a* ) Je continue à me servir de la traduction de Mr. Dureau-delamalle, non que je la croie parfaite; mais c'est encore la meilleure que nous possédions.

ques avis qui se sont ouverts. On s'est fort occupé, ce me semble, de discuter le degré de punition que méritaient des monstres qui ont voulu faire la guerre à leur patrie, à leur famille, à leurs propres autels, à leurs propres foyers. Mais la chose-même nous dit qu'il faut bien plutôt nous garantir du crime, que chercher la manière de le punir. Les autres forfaits, on est toujours à tems de les poursuivre après qu'ils sont commis ; mais celui-ci, si vous ne le prévenez, vous voudrez en vain, après l'exécution, recourir aux tribunaux ; maîtres de Rome, les vainqueurs se laisseront-ils condamner par les vaincus ? »

Après une courte digression sur le luxe, qu'il regarde comme la première source de tous les maux de l'état, il continue en ces termes :

» Maintenant il ne s'agit pas de savoir si nous aurons de bonnes ou de mauvaises mœurs, si l'empire romain aura de l'éclat ou de la dignité; mais si cet empire, quel qu'il soit, nous restera, ou s'il restera, ainsi que nous, la proie de l'ennemi.

» Et l'on vient me parler de douceur et de commisération ! Je ne le vois que trop : depuis long-tems nous avons perdu les vraies dénominations des choses. Prodiguer le bien d'autrui, se nomme *libéralité* ; de la résolution pour le crime, se nomme *courage;* et voilà ce qui nous réduit aux déplorables extrêmités où nous sommes. Eh bien! puisque telles sont nos mœurs, que l'on soit donc libéral de la fortune des alliés, qu'on étale de la commisération pour qui vole l'état, pourvu que du moins on n'aille pas faire présent de notre sang, et pour sauver *quatre ou cinq scélérats*, (23) assassiner tous les bons citoyens.

» César vient de nous dire des choses fort ingénieuses sur la vie et sur la mort, (24) regardant, je pense, comme chimérique, ce qu'on rapporte des Enfers, que les méchans, séparés des bons, ont, en partage, un séjour affreux, des lieux de ténèbres, d'horreurs et de crainte. En conséquence, il a proposé de confisquer seulement leurs biens, et de les tenir prisonniers dans quelques villes d'Italie, de peur apparemment que, si on les gardait dans Rome, leurs complices, ou une multitude soudoyée, ne vinssent briser leurs fers; comme si les méchans et les scélérats ne se trouvaient que dans Rome, qu'ils ne fussent pas répandus dans toute l'Italie, ou que l'audace ne fût pas plus à redouter là où il y a moins de ressource pour la défense. (25) Si donc César appréhende quelque péril, le parti qu'il propose n'y remédie point. Si, au milieu de tant et de si vives alarmes, seul il n'appréhende rien, c'est une raison de plus pour m'alarmer pour vous et pour moi.

 » Oui, Pères Conscrits, tenez pour certain qu'en prononçant sur Lentulus et sur ses complices, vous prononcerez en même tems sur l'armée de Catilina et sur tous les conjurés. (*a*) Si, dans cette occasion, vous montrez quelque vigueur, croyez que leur courage en sera ébranlé. Pour peu qu'ils vous voient de mollesse, vous les aurez tous ici plus déterminés que jamais.

» N'imaginez pas que ce soit par les armes, que nos pères aient élevé un si petit état à un si haut degré de puissance. »

Ici, Caton développe rapidement les causes morales de la prospérité de Rome, et, se livrant à toute l'austérité de son caractère, il fait contraster les mœurs d'autrefois avec les mœurs présentes ; ( 26 ) puis il reprend ainsi :

» Des citoyens de la plus haute naissance ont conjuré l'embrasement de leur patrie ; ils excitent à la guerre la nation gauloise, cette implacable ennemie du nom romain ; l'armée de Catilina est sur notre tête, et dans un moment pareil vous attendez encore! Vous hésitez sur ce que vous ferez, lorsque l'ennemi vient d'être

---

( *a* ) Lecteur, on laisse à votre sagacité le soin d'une foule d'applications de détail, dont ce discours offre la matière.

surpris au sein de vos murailles ! Attendrissez-vous, je vous le conseille ; ce sont des enfans imprudens que l'ambition a égarés : faites mieux ; armez les, et laissez les partir. Certes, s'ils prennent une fois les armes, (27) ils pourront vous faire répentir de cette douceur et de cette clémence. On dira peut-être que le danger est grand, mais que vous ne craignez rien. Au contraire, vous craignez tout ; mais, par mollesse et par pusillanimité, vous restez à vous attendre l'un l'autre, comptant apparemment sur le secours des Dieux immortels, qui plus d'une fois ont sauvé cette république des périls les plus imminens. Non, ce n'est point par des vœux et de lâches supplications que l'on obtient l'assistance du ciel. La vigilance, l'activité, la sagesse des mesures, voilà ce qui assure le succès. Si vous vous abandonnez à une stupide inaction, vous imploreriez en vain les Dieux : n'attendez que leur colère ou leur haine.

» Jadis, dans une de nos guerres contre les Gaulois, Manlius Torquatus fit mettre à mort son propre fils, pour avoir combattu contre son ordre ; et cet incomparable jeune homme paya de sa tête l'indiscrétion de son courage. (28) Et vous, qui avez à statuer sur le plus atroce des parricides, vous hésitez. Sans doute que le reste de leur vie demande grâce pour ce forfait. Eh bien! respectez la dignité de Lentulus, si lui-même a jamais eu le moindre respect pour les hommes et les Dieux. Pardonnez à la jeunesse de Céthégus, (29) si ce n'est pas la seconde fois déjà qu'il fait la guerre à sa patrie. Qu'est-il besoin de parler de Gabinius, de Statilius, de Céparius? (*a*) Eh! si d'avance ils n'eussent enfreint tous les devoirs, auraient-ils formé ce noir complot contre la République?

» Enfin, Pères Conscrits, si c'était le moment où l'on pût faire impunément une faute, j'attendrais patiemment que l'événement vous détrompât, puisque vous ne faites nul cas de mes représentations; mais nous sommes enveloppés de toutes parts. Catilina, avec son armée, est à nos portes; d'autres ennemis sont dans nos murs et au sein de Rome: aucune de nos mesures, aucune de nos délibérations ne peut leur être cachée; ainsi, il n'y a pas un instant à perdre. Mon avis est donc, puisque l'exécrable attentat de ces scélérats a mis la République dans le plus grand péril, qu'ils ont été convaincus par la déposition de Volturcius et des députés allobroges, qu'ils ont eux-mêmes fait l'aveu du massacre, de l'embrasement et des autres hor-

―――――

(*a*) Lecteur, vous savez comment il faut traduire ces noms latins....

reurs qu'ils projetaient contre leurs citoyens et leur patrie, mon avis est que, d'après leur aveu, ainsi que d'après la pleine conviction d'un crime aussi capital, leur supplice soit la mort, comme dans l'ancienne République. »

Ce discours de Caton enleva les suffrages de tous les Consulaires et d'une grande partie du Sénat : ils élèvent jusqu'aux Cieux la fermeté de son âme ; ils s'accusent les uns les autres ; ils se traitent de pusillanimes ; dès ce moment, la haute réputation de Caton est fixée ; on rédige le sénatus-consulte d'après son avis.

Le Consul ordonna aux Triumvirs de tout préparer pour le supplice ; et dès la nuit suivante les conjurés furent étranglés dans leurs cachots. Lentulus était de l'illustre maison des Cornélius, et revêtu de la dignité consulaire.

Lorsqu'on eut apporté au camp la nouvelle qu'à Rome la conjuration avait été découverte, et que Lentulus, Céthégus et les autres, avaient péri du dernier supplice, une partie de l'armée de Catilina se dissipa, ainsi que Caton l'avait prévu. Catilina marcha, avec ce qui lui restait, vers la Gaule transalpine, où il fut arrêté par Metellus Celer, qui avait gagné les devans, tandis que le consul Antonius le poursuivait avec des forces plus considérables. Forcé de livrer bataille, il combattit et fut défait, mais après avoir prouvé qu'il n'était pas moins bon général que soldat intrépide. » Lorsque Catilina vit ses troupes enfoncées, dit l'historien, et qu'il restait à peine autour de lui quelques soldats, voulant soutenir l'honneur de sa naissance et de son ancienne dignité, il se jette au plus épais de la mêlée, et il y tombe percé de coups en combattant. »

» Ce fut après le combat, ajoute Salluste, qu'on pût bien juger de l'intrépidité et de la vigueur de courage qu'il y avait dans cette armée de Catilina. Tous les soldats morts furent trouvés presque à la même place qu'ils avaient prise pour combattre : ils la couvraient de leurs corps; (a) un petit nombre que la cohorte prétorienne avait dispersés lorsqu'elle ouvrit le centre, étaient un peu écartés; mais encore ils avaient tous reçu leurs blessures en face. Pour Catilina, on le trouva loin des siens parmi des monceaux d'ennemis, et respirant encore. Ses traits avaient conservé cet air d'intrépidité qu'il avait toujours porté sur son visage; enfin, dans toute cette armée, soit pendant le combat, soit pendant la déroute,

---

(a) Le traducteur n'est pas également heureux partout à rendre l'énergique précision de son auteur. Ici, par exemple, Salluste dit : *la place que chacun avait occupée vivant, mort il la couvrait de son cadavre.*

on ne put faire un seul citoyen prisonnier ; par où l'on peut voir s'ils avaient été avares de leur sang et de celui de l'ennemi. Aussi, l'armée du peuple romain n'eut guère à se louer d'une victoire cruellement ensanglantée. Tous ses plus braves soldats avaient ou péri dans le combat, ou s'étaient retirés grièvement blessés. Et parmi ceux que la curiosité ou la cupidité attira sur le champ de bataille, beaucoup, en fouillant dans ce tas d'ennemis morts, reconnurent, l'un son ami, l'autre un parent ou un hôte ; quelques-uns, il est vrai, rencontrèrent leur ennemi ; toute cette armée n'offrait qu'un mélange de joie et d'abattement, de réjouissance et de deuil. »

C'est ainsi qu'ils périrent. L'héroïsme de leur courage ne diminua point l'horreur de leur attentat. Ils n'obtinrent pas même un simple regret ; et l'historien Salluste seul a osé payer en passant, à leur valeur, ce léger tribut d'estime. Quelques romains pleurèrent des frères, d'autres des amis ; mais la patrie, mais Rome inexorable grava l'infamie et l'exécration sur leur tombe. L'équitable postérité a confirmé cet arrêt.

Qui étaient ces hommes ? C'étaient, pour la plupart, de jeunes patriciens victimes de la corruption de leur siècle ; d'une corruption qu'ils n'avaient point établie, propagée, dont ils n'avaient pas agrandi le domaine par des doctrines subversives. Ils avaient fait de méchantes actions, mais n'avaient point cherché à détruire le principe des bonnes. (30.) Jetés par les désordres du luxe, et par la chaleur du sang, dans tous les excès, de là, dans la honte d'une indigne misère, accablés de dettes, pressés par les créanciers dont Rome était comme envahie, écartés de la carrière des dignités, pleins de talens cependant, et d'audace : luttant ainsi entre les doubles inspirations du génie, de la naissance, et les obstacles nés d'une conduite perverse et d'une situation malheureuse, que de raisons n'avaient-pas ces hommes pour souhaiter une révolution, pour devenir ce qu'ils furent !...... Ces malheureux étaient encore dans la première ferveur de la jeunesse; ni l'impétuosité des passions n'avait eu le tems de se calmer dans leur ame, ni les fausses appréciations celui de se rectifier.

Mais Vous, vieux athlètes de nos discordes politiques, qui vous êtes, pour ainsi dire, déjà tant de fois survécus à vous-mêmes! (31) Vous à qui il a été donné d'amasser l'expérience de toutes vos fautes, et de compter toutes les larmes que vos forfaits ont fait couler !..... Vous qui n'aviez pas de dettes, parce qu'il est reçu qu'on doit ce qu'on emprunte, et non pas ce qu'on a gagné au sublime métier de faire des révolutions; (32) vous riches, qualifiés, comblés de la clémence et même des bienfaits d'un Roi trop généreux! Vous, enfin, à qui il ne manquait que l'estime publique et la paix du cœur, pour jouir de tous les biens qui donnent du prix à la vie, et qui saviez, au surplus, vous passer de l'un et de l'autre; quelle rage de révolution est venue vous saisir de nouveau?.... Pourquoi, dites, pourquoi, nous replonger dans ce chaos de troubles et de malheurs, où vous n'aviez rien à gagner et où nous avons tous perdu? Le bonheur de la France était-il donc tellement insupportable à vos yeux, qu'il fallût périr ou le détruire? Espériez-vous effacer, dans un nouveau bouleversement, le souvenir réveillé de certains crimes?.... (33) Vain espoir!..... Les siècles s'écouleront, la France, la vieille Europe renaîtra vingt fois de ses ruines, et le souvenir en subsistera toujours.....

Vouliez-vous remonter à un degré de considération dont vous étiez descendus, vous rendre redoutables et nécessaires?.....

Je ne cherche point à savoir si vous aurez réussi : je considère seulement à quel prix vous auriez obtenu la satisfaction d'une ambition aussi coupable, d'un aussi épouvantable égoïsme. (34)

Six cent mille étrangers sont ou vont être en

France; et quelle que soit la magnanimité de nos principaux alliés, et la généreuse modération des officiers de leurs troupes, nous souffrons tous les maux inséparables d'un tel état de choses. Vous ne compteriez pas facilement tous les gémissemens qui s'élèvent de l'humble cabane du laboureur; forcé de donner le pain de ses enfans et de dételer les bœufs de sa charrue pour le service de ces étrangers, qui passent, foulent sa moisson, et qui ont le droit de prendre ce qu'ils auraient en vain demandé deux fois.

Et ce n'est pas le plus cuisant de nos maux.... Mais vous avez achevé de discréditer le nom français.... Nos voisins, ayons le courage de le dire, sont ardens à profiter de nos malheurs, pour nous refuser leur estime..... Il ne nous reste peut-être que la majesté du trône et les vertus de notre Roi, pour nous sauver du mépris et de ses suites affreuses.... Encore une trahison, et nous serons renommés pour l'infamie de nos doctrines politiques, comme certains peuples le furent pour l'infamie de leurs mœurs.....

C'est à vous, à vous seuls, qu'il faut imputer cette flétrissure de l'antique renommée française; et voilà la plaie profonde, irrémédiable, que vous avez faite à tous les cœurs vraiment français.

Nous demandons qu'on mette entre vous et

nous un intervalle que tous les efforts de vôtre noire magie ne puissent jamais remplir.

Quand il n'y a que votre châtiment qui puisse nous absoudre, nous réhabiliter aux yeux de nos voisins, et, s'il est permis de le dire, absoudre la Providence elle-même devant notre faible raison, serons-nous donc punissable pour oser le demander?.....

Que nous opposerez-vous? Qu'avez-vous à répondre?

*Nous ne pouvons trouver une situation heureuse, que dans le terme de nos agitations. Nos voisins, alliés aujourd'hui et demain ennemis, ne nous laisseront maîtres de nous-mêmes, que lorsqu'ils verront dans notre esprit d'union et de concorde le gage de notre future tranquillité. Ecoutons la voix de la patrie en alarmes, qui nous conjure d'abjurer tous ressentimens personnels. Prolonger nos dissensions, c'est achever de perdre l'honneur national. Eclairés sur nos véritables intérêts, que tardons-nous à voler dans les bras les uns des autres!* (a)

---

(a) C'est dans les articles des journaux avoués par le parti que je puise le fond de ces argumens et de ces objections. On peut voir les articles de politique de l'*Indépendant* et de l'*Aristarque*, pendant le mois de juillet.

Combien votre langage est changé ! Qu'elle est étonnante la souplesse de votre génie et la flexibilité de votre parole !....... Fiers enfans de la liberté, de cette liberté mâle et sévère qui ne sait point composer avec des principes *illibéraux*; eh quoi ! vous tendez vos bras à des esclaves, à des partisans de la monarchie et des institutions qui lui sont essentielles, à des amis de la religion, mère commune de tous les trônes de l'Europe ! ( 35 )

Vous demandez la paix, et vous nous avez déclaré une guerre d'extermination ! Vous demandez la paix, et quand nous vous l'avons demandée, nous, depuis vingt-cinq ans, vous ne nous avez accordé que la paix des tombeaux !

Vous l'aviez cette paix; vous vous étiez présentés environnés de tous vos crimes, et vous aviez été reçus en grâces. Nous n'étions pas dans vos cœurs, et vous n'étiez pas dans les nôtres; à la vérité : c'était impossible; mais enfin, tous ensemble nous vivions calmes sous le suprême ascendant des vertus de notre Roi, et nous attendions, avec patience, que le tems effaçât, s'il était possible, la ligne de démarcation qui semble devoir exister toujours entre les victimes et leurs bourreaux.

Nous vous supportions, et vous n'avez pas pu nous supporter; vous avez voulu pour vous seuls la terre et l'air de la patrie; vous avez fait retentir le cri de guerre, pendant les premières heures de notre sommeil; vous avez dispersé, avec rage, les festons et les guirlandes, ornemens de nos fêtes ; ( 56 ) vous avez proscrit, sous peine de mort, nos signes chéris; vous nous avez forcé, sous peine de mort, de porter vos couleurs, et de revêtir cette livrée révolutionnaire encore dégoûtante du sang de nos proches; vous avez insulté nos oreilles de ces chants affreux par lesquels on préludait jadis à l'égorgement de nos pères. Les rameaux d'olivier que nous avions tout-à-l'heure échangés avec vous, sont devenus, en vos mains, les brandons de l'incendie; vous avez traité notre douceur de stupidité et vous vous êtes écriés : qu'ils périssent puisqu'ils sont si faciles à désarmer.

Et vous demandez la paix! Non, ce n'est qu'une trêve que vous voulez, ce n'est qu'un trompeur armistice : vous demandez du tems pour préparer d'autres ressources, et méditer des trahisons nouvelles.

Dans la lutte d'Hercule et d'Antée, toutes les fois que le Dieu de la force terrassait son monstrueux adversaire, le géant reprenait une vigueur nouvelle, en touchant la terre qui l'avait engendré. Ainsi, quand le génie de la révolution, géant plus redoutable, se voit vaincu, il de-

4

mandé du repos et rentré dans l'ombre pour recommencer ses attentats : retirons-le des ténèbres, étouffons-le au grand jour.

Mais enfin, dites-vous, la patrie est sur le penchant de l'abîme; notre union peut la sauver, notre désunion la précipite.

Non ! notre union ne peut rien sauver, parce qu'elle est impossible.

Les Alliés le savent; et ce n'est point dans cette union chimérique aujourd'hui, qu'ils chercheront la garantie de notre tranquillité future.

Ils savent que tous les élémens du désordre subsistent encore parmi nous, et qu'il n'y a aucun espoir de paix et de bonheur pour l'Europe, tant que les doctrines envenimées qui nous ont perdus seront vivantes dans la bouche et dans les écrits de leurs vivans propagateurs; ils savent, et tous les hommes éclairés savent aussi, qu'il est impossible que la sphère politique renferme tant d'élémens impurs et contraires, sans qu'il se forme, à chaque instant, de nouveaux centres d'action et de pouvoir.

C'est en vain que vous vous écrierez : rallions-nous autour du trône de Louis XVIII.

Les Alliés savent, et nous savons tous, que vous avez dit : (*a*)

---

(*a*) Dans des écrits politiques, qui servent comme de prolégomènes à l'histoire de la représentation de 33 jours.

» *Les Bourbons sont incompatibles avec tous les intérêts de la France : c'est une famille anti-paternelle, hétérogène à la royauté.* » (37)

Que vous avez dit : » *On veut nous donner à des maîtres avec qui nous n'avons plus rien de commun.... que nous n'entendons plus, et qui ne peuvent plus nous entendre ; qui ne semblent plus appartenir, ni au siècle, ni à la nation, qui ne les a reçus un moment, dans son sein, que pour voir proscrire et avilir ses plus généreux citoyens.*

» *Serrons-nous tous autour du trône où siège le père et le chef du peuple, et de l'armée.* »

Comment pouvez-vous, après vous être serrés autour de ce trône-là, croire permis et possible de vous rallier auprès de celui-ci, d'une structure si différente?

Ils savent, et nous savons, que vous avez dit :

» *Les Alliés croyaient donner un trône aux Bourbons ; ils ne le donnaient qu'aux nobles et aux émigrés.... Qui les y maintiendra ? Il n'y a pas de pire erreur en politique que de croire possible ce qui ne l'est pas. Les Alliés persistent, et jamais plus grande faute n'a été commise dans l'histoire des nations ; Napoléon seul pourra réparer, etc.* »

Eh bien ! Napoléon n'a rien réparé ; il a tout perdu. Les Bourbons sont remontés sur le trône

4*

par l'amour de la nation et par la force des choses, et nous répétons maintenant, avec une profonde conviction, que vous partagerez sans doute :

Il n'y a pas de pire erreur, en politique, que de croire possible ce qui ne l'est pas.

Il n'y a pas, il n'y aurait pas de pire erreur, que de croire que les hommes qui ont si solennellement professé ces principes, puissent jamais se rallier, de bonne foi, autour du trône des Bourbons.

Vous allez dire peut-être :

» Nous crûmes alors que Napoléon seul pouvait sauver la France, et nous voulions lui rendre la confiance de la nation, en multipliant les témoignages de notre admiration et de notre respect pour son génie. (38) La fortune en a autrement décidé : aujourd'hui, toujours mus par l'amour de la patrie, nous revenons au Roi, parce qu'il peut seul garantir notre indépendance nationale. »

Non, vous ne serez point reçus à tenir ce langage. Vous êtes venus beaucoup trop tard à résipiscence. Napoléon avait succombé, et les Alliés étaient à nos portes, qu'espérant les désunir ou les abuser, vous repoussiez encore les Bourbons. Dans les derniers momens de votre éphémère existence représentative, vous disiez encore : haine aux Bourbons et à la royauté. De toute la puissance de votre ame et par la bouche de vos adeptes, instrumens dociles et trop aveugles de vos fureurs, vous recommandiez votre cause perdue à l'énergie des générations à venir. (39)

Ainsi donc, cette patrie que vous prétendez aimer, vous avez voulu la vouer à une suite effrayante de discordes civiles!.... Vous avez voulu infecter nos derniers neveux du poison qui vous dévore!.....

Ainsi donc, quand vous parlez aujourd'hui de réconciliation, quand vous dites sauvons ensemble la patrie, vous n'avez d'autre dessein que de vous garder une proie, vous n'avez d'autre crainte que de voir la France échapper enfin à vos fureurs.

Vous cherchez insidieusement à faire naître des doutes sur les intentions pourtant bien manifestes des Alliés ; vous osez leur faire l'injure de croire, qu'au mépris de leurs sermens, à la face du monde, qui les regarde, ils reproduiront l'exemple de l'usurpation et de tous les crimes qu'ils sont venus punir; qu'ils ruineront ainsi l'opinion, le plus ferme soutien de leur puissance, et apprendront aux peuples étonnés qu'il n'y a de réel, en effet, et de respectable, que l'horrible droit de la force !....... Vous osez dire cela !..... (40)

Eh bien ! nous le supposerons un moment avec vous ; et la majesté des Princes alliés n'aura point à s'offenser d'une supposition que nous ne voulons nous permettre que pour vous réduire enfin au silence.

Oui, les déterminations humaines sont variables et fragiles. Les calculs de l'ambition se mêlent aux desseins les plus généreux, et le venin de l'égoïsme peut venir altérer et corrompre les résolutions les plus nobles, les premiers mouvemens les plus héroïques......

Oui, nous admettons que la France est à la veille de subir les horreurs d'un démembrement ; rallions-nous donc et combattons en frères. (a)

Eh bien ! ce pacte d'alliance que nous ferions avec vous serait l'arrêt de mort de la patrie. Alors nous entrerions véritablement avec vous en communauté de crimes et de honte. Alors nous serions tous également flétris des noms

―――――――――――――――――――――――――――――

(a) Ici, ils parlent au nom de l'armée ; car ce n'est pas eux qui prétendent sauver la patrie. Mais l'armée, ou si l'on veut, les soldats français, ne sont plus de leur parti ; nos guerriers désabusés ne veulent plus combattre que pour la France, et non pour les intérêts d'une poignée d'hommes sans foi.

odieux de traîtres et de parricides ; alors nous appellerions et nous légitimerions toutes les vengeances, parce que nous réveillerions toutes les craintes; alors une partie de la France ne pourrait plus obtenir grâce pour l'autre; alors nous cesserions d'être une nation respectable, parce que les lois auraient, chez nous, perdu leur puissance, et que tout foyer d'honneur et de caractère national serait détruit ; alors enfin, nous perdrions le droit de révendiquer, dans tous les tems, devant le ciel et devant les hommes, notre indépendance outragée. (41)

Restons purs, ô Français ! rejettons loin de nous, loin du sein de la France, le petit nombre d'hommes dont la présence et le souffle souillent la patrie, et compromettent son sort. Réservons-nous, dans l'inflexibilité de nos principes, un droit sacré de réclamation contre les injustices que nous pourrions éprouver. La punition des traîtres, des perturbateurs et des spoliateurs de l'Europe, est la base conditionnelle de notre traité avec les Alliés. A ce prix ils rendent à la France sa dignité première et au trône toute sa majesté. Observons la lettre et l'esprit du traité ; afin qu'il ne reste à cette ambition ( dont les projets sont supposés ) ni raisons, ni prétextes.

Ne nous laissons abuser ni par des protestations mensongères, ni par des craintes illusoires. Eh! pourrions-nous être dupes d'une si lâche hypocrisie, de subterfuges si grossiers, quand eux-mêmes, au moment où ils jurent de se rallier autour du trône de Louis XVIII, viennent, jusques dans le palais de ses ancêtres, insulter, par des vociférations criminelles, à la majesté royale ; ( 42 ) quand, en plein jour, sous nos yeux, ils sèment encore les germes empoisonnés de la révolte. C'est en vain qu'ils veulent feindre ; leur bouche-même ne saurait obéir ; elle crie *haine aux Bourbons*, lorsqu'ils veulent dire *fidélité au Roi*; et quand ils s'efforcent d'adoucir leurs paroles, et de parler un langage de concorde et de paix, le fiel brûlant qui les dévore fait irruption, s'échappe de leurs féroces regards, transpire par tous leurs pores.

Oui, ils conspirent encore ; ils conspireront jusqu'au dernier moment de leur existence. (43.) Nés du désordre, ils ne peuvent vivre que par lui. Naguères heureux des misères publiques, ils auraient trop à souffrir de la commune félicité.

*Eh quoi!* nous diront maintenant des hommes depuis peu revêtus du manteau de la philanthropie et des dehors de la modération, *n'avons-nous pas assez de maux ? Veut-on nous faire parcourir derechef les phases sanglantes d'une révolution nouvelle ?*

Non, nous voulons terminer celle qui dure depuis vingt-cinq ans.

*Quoi !* ajoutent les mêmes hommes, *lorsque des milliers de voix s'élèvent pour dire rallions-nous autour du trône, des voix frénétiques, des voix solitaires, demandent du sang ! toujours du sang !*

Ainsi, vous ne commencez à être las que lorsqu'il s'agit de verser le vôtre ! N'avez-vous donc jamais appris à mourir en ordonnant la mort de tant de victimes ?

Non, ce ne sont point des voix solitaires qui demandent justice des traîtres; c'est la France, c'est la patrie qui réclame contre des enfans tant de fois parjures et parricides : elle invoque les seuls moyens qui lui restent de se préserver d'une nouvelle contagion.

Vous dites comme disait César :

*Quel est le point où s'arrêteront les proscriptions !*

Mais César se répond à lui-même : il n'y a pas d'injustices à craindre avec un Consul tel que Marcus Tullius; et vous êtes forcé d'avouer que les erreurs de la bonté et les abus du pardon sont seuls à redouter avec Louis XVIII. (45)

O vous qui ne fûtes que faibles ! vous qui ne fûtes coupables que d'égarement, ou qui, malgré des intentions droites, fûtes forcés de fléchir sous la tyrannie, ne craignez rien! Il vous sera permis, sans doute, de vous excuser par l'empire que durent exercer sur vous de trop impérieuses considérations..... Un Roi juste et bon veille pour vous : venez, nous n'avons pas cessé d'être frères. Jamais, jamais vous ne serez confondus avec ceux qui ont médité la trahison, ou avec ceux qui ont volontairement travaillé à en assurer le succès.

Et cependant, ajoutent ces hommes, les partis sont en présence; on s'égorge à Nîmes, à Grenoble. (46)

On s'égorge, dites-vous? Misérables! et c'est là votre plus grand crime, comme notre plus affreux malheur. Aux braves morts dans les batailles, il reste au moins la gloire de leur trépas; mais dans les horreurs de la guerre civile, tout est douleur, tout est honte. Le triomphe et la défaite sont un égal sujet de deuil et de désespoir; la patrie désolée pleure sur le vainqueur, encore plus que sur l'infortuné qui succombe.

Frémissez! Vous avez ranimé tous les ressentimens, réveillé toutes les haines : des inimitiés éteintes depuis plus d'un siècle, (47) des mobiles qui semblaient n'avoir plus d'action sur les esprits, ont repris une force nouvelle. Tout cela est votre ouvrage! Tous ces fléaux sont revenus avec l'homme de l'île d'Elbe, QUE VOUS AVEZ RAPPELÉ.

Que vous ne craindriez pas de rappeler encore, malgré l'immensité des mers qui vont vous séparer de lui. (48)

Mais non, vous n'irez pas chercher si loin un auxiliaire également déchu dans la faveur de la fortune, comme dans votre estime.... Vous trouverez ailleurs des complices.....

Vous tenterez encore de détruire le trône; et si vous y parveniez, on vous verrait encore le reconstruire dans des proportions de votre choix; puis dire au premier ambitieux : veux-tu régner? Tel est notre marché : *richesse* d'abord, puis *liberté* pour nous; *oppression* et *misère* pour tout le reste.

. . . . . . . . . . . . . . . . . . . . . . . .
. . . . . . . . . . . . . . . . . . . . . . . .

Puissent les alarmes des amis du Roi et de la patrie être vaines! Puisse le trône des Bourbons être enfin consolidé; et puissions-nous bientôt être forcés de croire que la bonne foi, qu'un dévouement sincère, guident tous ses défenseurs, et dictent les conseils de ses plus puissans organes!.....

Nous avons vu tant de révolutions! Tant

d'événemens désastreux se sont accumulés tout à l'heure, comme avec la rapidité de la tempête ! Quelle est donc cette terrible et mystérieuse puissance, qui se joue du destin des Rois et des états, sans être pourtant un pouvoir surnaturel ?.....

Politique !.... abîme effroyable de duplicité, de mensonges, de crimes et d'insidieuses trames ! Science de conduire les hommes, aujourd'hui compliquée de moyens si multipliés et la plupart si odieux, ne pourrais-tu donc redevenir plus simple ?.... Quoi ! sous un Roi juste, bon, aimé de ses sujets, de ses sujets que l'excès des malheurs a ramenés au sentiment de l'ordre et au respect de la légitimité, le bien sera-t-il donc si difficile à faire ?.....

Faut-il que nous soyons réduits à voir employer pour notre sécurité présente, des moyens si souvent mis en œuvre pour détruire notre repos et notre bonheur ?.... Plus d'analogie, une heureuse conformité ne pourrait-elle subsister entre le but et les voies qui doivent nous y conduire......

Nous marchons sur des cendres brûlantes et sur la lave du volcan qui coule et s'étend encore..... Notre pied ne se pose qu'avec circonspection, qu'avec une secrète terreur. Tout est possible après ce que nous venons de voir ;

il est, il est, n'en doutez pas, d'autres ambitions qui méditent dans l'ombre et pour lesquelles l'expérience de nos revers est bien moins perdue que pour nous-mêmes.......... O Roi, dont l'ame trop grande attache peu de prix au sceptre, daignez songer pourtant, que le bonheur de la France tient à ce qu'il demeure dans vos mains paternelles pour passer dans les mains des derniers neveux de nos BOURBONS.

N. B. *J'abandonne volontiers pour le moment, aux interprétations et aux conjectures de mes lecteurs, ce que les deux dernières pages peuvent présenter d'obscur et d'ambigu; mais comme je respecte tout ce qui est respectable, et par conséquent tous les hommes revêtus de la confiance de Sa Majesté, j'en consigne ici ma déclaration, et je proteste d'avance contre toutes les inductions qu'on pourrait se permettre contraires à mon intention, bien formelle à cet égard.*

# NOTES.

Les écrits de circonstance, les brochures qui roulent sur des matières politiques sont lues en courant; mais pour être saisi dans une lecture rapide, il faut à l'écrivain une célérité proportionnée dans la marche de ses idées ; une direction rigoureusement tendant au but qu'il se propose, laquelle est nécessairement exclusive, de développemens étendus, de réflexions incidentes, de digressions et de toute chose qui, bien que bonne en soi et utile, ne contribue pas essentiellement à faire avancer le discours vers son terme. J'ai donc rejeté, dans des notes, une foule de détails ; les uns appartiennent au fond de mon sujet, et les autres, d'un intérêt moins direct, ne déplairont cependant pas, si je ne me trompe.

(1) *On a tant éclairé les hommes*, etc.

L'esprit d'analyse, l'esprit *investigateur* de notre tems, qui a fait faire des progrès si considérables aux sciences exactes, n'a peut-être servi qu'à accumuler les doutes dans les sciences morales, et à multiplier, par conséquent, les voies d'égarement dans la pratique. Il n'y a pas de peut-être.... C'est ainsi qu'au physique nous sommes éclairés par un degré de clarté proportionné à la force de réaction du nerf optique, et éblouis, douloureusement affectés, par une lumière plus pleine et plus active.

Espérons toutefois que nous pouvons encore être ramenés à des principes sûrs et constans, en matière d'intérêt public et national. Il est réservé à nos nouveaux et *véritables* représentans de nous prêcher par la voie de la persuasion, et surtout par celle de l'exemple, un nouvel évangile politique, auquel nous puissions demeurer fidèles. Quelle importante et magnifique tâche n'ont-ils pas à remplir ! Mais d'abord c'est la nation elle-même qui va statuer sur son avenir, par le choix de ses mandataires. Jamais l'exercice du droit de suffrage n'aura été plus noble et plus précieux. Malheur et mépris aux hommes cupides ou lâches qui prostitueront le leur. Tout citoyen qui ne se pourvoira pas, en son ame et conscience, des données, des renseignemens nécessaires pour bien choisir, se rendra indigne de la protection et des bienfaits d'un gouvernement paternel et légitime.

( 2 ) *La parole fonda les premières société*, etc.

L'éloquence bien plus souvent funeste qu'avantageuse aux états dans lesquels elle s'est vue en honneur, n'a pas beaucoup à s'énorgueillir de ses triomphes. Aussi Platon la proscrivait de sa république; et tous les efforts de Lycurgue tendirent à la rendre inutile chez les Spartiates. Un habile discoureur s'étant proposé de lire en leur présence un panégyrique d'Hercule de sa composition, *eh! qui le blâme*, lui répondit l'un d'eux.

Cicéron lui-même doute si l'éloquence a causé plus de biens que de maux. Quintilien remarque, après ce grand orateur, que presque partout elle a excité des séditions, protégé l'injustice, prêté de fausses couleurs au mensonge, servi l'hypocrisie, opprimé la vertu, corrompu les lois, enhardi le crime et prostitué ses louanges au vice. Et le poète à qui nous avons emprunté notre épigraphe dit de cette séductrice :

Discitur innocuas ut agat Facundia causas ;
Protegit hæc sontes, immeritosque premit.

Ovid. Trist. lib. 2.

On disait de Carnéade qu'il n'avait jamais soutenu d'opinion sans l'établir, et n'en avait jamais combattu sans la détruire. Caton le censeur fit renvoyer sans audience une ambassade des Athéniens dont ce célèbre sophiste fesait partie, se fondant sur ce qu'il possédait au suprême degré l'art d'embrouiller la vérité et de rendre problématiques les choses les plus évidentes.

Les Egyptiens, ce peuple si justement renommé, dont la Grèce reçut les premières traditions de la sagesse humaine, proscrivaient aussi l'éloquence, les discoureurs et les *avocats*.

Les Romains chassèrent trois fois les orateurs : la première, sous le consulat de Fannius Strabo et de Valerius Messala; la seconde, sous la censure de Domitius Ænobarbus et de Licinius Crassus, et la troisième, sous l'empire de Domitien.

Cicéron et Démosthène périrent l'un et l'autre victimes de leur éloquence, qui, d'ailleurs, attira les plus grands malheurs à leurs patries. Les fameuses Philippiques du premier allumèrent irrévocablement le courroux du Roi de Macédoine contre la liberté d'Athènes; et Cicéron précipita la ruine de la liberté dans Rome en fesant continuer à César le gouvernement des Gaules; et en exaltant Octave, pour l'opposer à Antoine. Aussi Brutus reprocha depuis à l'orateur d'avoir moins travaillé pour la liberté que pour se donner un maître plus favorable.

( 3 ) On sait tout ce que l'éloquence révolutionnaire a produit, en France, de désordres et de malheurs ; toutefois, il y aurait plus que de l'injustice à ne pas remarquer que parmi le grand nombre d'orateurs, qui se distinguèrent dans nos premières assemblées nationales, plusieurs firent servir, avec beaucoup d'éclat, au maintien des bons principes, des talens au moins égaux à ceux que leurs adversaires employèrent à tout renverser. Très-peu de ces derniers ont échappé à la faux dévastatrice de 1793. Cependant, Marseille possède en ce moment deux hommes qui appartiennent à ce petit nombre ; M. le comte de VAUBLANC, et M. le comte PASTORET. Tous deux défenseurs intrépides et éloquens des saines doctrines dans la première législature, ils furent depuis tous deux atteints d'une proscription honorable et tous les deux ont pu voir enfin le triomphe des idées d'ordre et de justice dont ils furent de si constans appuis.

( 4 ) *Rester inébranlable au poste d'honneur*, etc.
Tout le monde se rappelle que dans les dernières séances de la chambre des députés, un de ces messieurs proposa à ses collégues d'aller se placer (pour encourager les troupes et donner à l'ennemi la mesure de l'énergie des résolutions de l'assemblée) entre les batteries des alliés et les retranchemens qui devaient couvrir Paris. Cette proposition n'eut pas de suite ; mais Napoléon avait fui à Vaterloo et :

Craint-on de s'égarer sur les traces d'Hercule.

( 5 ) *Ces principes d'éternelle justice*, etc.
Il faut bien que les idées conservatrices de la prospérité sociale, telles que la justice et l'ordre, qui

6

est la même chose dans un sens plus étendu, soient plus anciennes que l'homme; qu'elles aient une source plus respectable et une base plus durable que lui; car si elles n'étaient pas plus anciennes elles seraient donc son ouvrage; elles seraient de simple convention; et si elles étaient de convention, elles seraient souvent illusoires et nulles, puisque tout ce que les hommes ont fait, les hommes peuvent le détruire.... et alors le méchant seul raisonnerait juste, la vie de l'homme de bien ne serait qu'une œuvre de stupidité. Et c'est là, à mon gré, le meilleur des argumens en faveur d'un autre ordre de choses.

(6) *Ce caput mortuum de douleur et de honte*, etc.

Comme j'écris pour tout le monde, je me crois obligé d'apprendre, à ceux qui pourraient l'ignorer, qu'on entend par *caput mortuum*, en langage chimique, le résidu inerte et méprisable qui demeure au fond du creuset, après une opération ou décomposition quelconque.

(7) *La pierre philosophale politique*.

Ils ne la cherchaient pas de bonne foi, ceux à qui je m'adresse : la preuve en est qu'ils ont cru l'avoir trouvée, après avoir acquis quelques millions de revenu en *or ordinaire*.

Un orateur de la dernière chambre ( M. M. du département des Basses-Alpes, ) a dit, dans un rapport fait au nom de la commission de constitution, que l'*Utopie avait enfanté trop d'erreurs*. J'ignore si cet orateur a jamais lu l'ouvrage de Thomas Morus; mais si la perfection idéale de l'organisation politique, lui paraît, en effet, une chimère si dangereuse, il aurait dû s'attaquer d'abord au plus beau génie de l'antiquité; car il est très-probable que le chancelier d'Angleterre n'aurait jamais imaginé son *Utopie*, si Platon n'avait pas laissé son traité si fameux de la *République*.

Au reste, les choses les plus impraticables, ou si l'on veut les plus extraordinaires de ces deux Utopies, telles que la promiscuité des sexes, la communauté universelle, et l'absence ou l'égalité de la propriété foncière, ne furent jamais, que je sache, sérieusement proposées par aucun de nos modernes réformateurs. Ils voulaient bien la société telle qu'elle est, mais exclusivement ordonnée à leur profit. Ils ont prêché, au moins par leur conduite, la doctrine du plus desséchant égoïsme; tandis que les rêves séduisans du philosophe grec et du philosophe anglais ne pourraient se réaliser, que là où ce vice odieux n'aurait aucun empire, c'est-à-dire, parmi les Anges. Ce serait donc une étrange injustice que d'imputer nos tristes et sanglantes aberrations, à des hommes qui ne se sont livrés qu'à de si brillantes et de si douces erreurs, si pourtant des idées purement spéculatives méritent ce nom.... Ajoutez que Morus fut un des plus grands hommes d'état de son siècle, et périt victime de la sévérité de ses principes religieux.

(8) *Consultons les dépôts de l'expérience*, etc.

C'est aujourd'hui une maxime qui passe pour constante, que l'expérience historique n'est presque d'aucune utilité; en d'autres termes, que les sottises des pères sont perdues pour les enfans. Mais cette opinion n'est peut-être que l'exagération du système contraire

6 *

à celui de la perfectibilité indéfinie. Si elle était vraie, les hommes seraient donc les plus insensés comme les plus malheureux des animaux.... Eh! que nous servirait d'avoir en partage une intelligence propre seulement à agrandir le cercle de nos misères? L'erreur vient de ce qu'on regarde généralement le monde comme très-vieux; et peut-être n'est-il encore qu'aux premiers jours de son enfance.

(9) *Bouleverser leur patrie au nom de la liberté et de la justice.*

Catilina parlait en son nom et au nom de ses complices; mais il ne s'avisait pas de parler au nom de la nation; il n'aurait pas pu le faire. A cette époque, *Rome était encore dans Rome*; c'était le peuple assemblé qui choisissait, dans les comices du champ de mars, ses premiers magistrats; nommait ses généraux. On ne pouvait donc le tromper et lui persuader qu'il voulait une chose alors qu'il en voulait une autre.

(10) *Inventeurs de toutes les bassesses qui l'ont exaltée*, etc.

Vous le savez, lecteur; à l'époque de la première chute de Napoléon, tout un peuple, long-tems comprimé par la crainte, s'élançant, avec une fureur impétueuse, se vengea, sur les images du tyran, de tant d'hommages avilissans et forcés. Les statues de Séjan ne furent pas accablées de plus d'outrages.

Alors furent recueillis et enregistrés, avec soin, les témoignages écrits de notre honte, et toutes ces formules d'adulation ingénieusement dégoûtantes, dont la postérité s'étonnera : oui, on sera en peine de dire qui fut plus coupable des lâches qui inventèrent cette inconcevable prostitution du langage, ou du tyran qui souffrit d'en être l'objet. On remit toutes ces bassesses sous les yeux de leurs auteurs; rougirent-ils d'eux-mêmes ? Je l'ignore ; mais chacun sait qu'ils ont recommencé depuis. Bornons-nous à un seul trait : *et ab uno disce omnes.*

Le comte Ch., au nom du collége électoral de la Seine :

*Sire, l'histoire des hommes n'offre pas d'exemple d'une magnanimité pareille à celle qu'atteste le sacrifice d'une partie de votre pouvoir.*

*Le meilleur des souverains, le meilleur des hommes, Marc-Aurèle répandit des bienfaits sans bornes, comme son autorité ; mais sa bienfaisance mourut avec lui, parce qu'il n'avait pas eu votre généreuse prévoyance.*

Ainsi, voilà le meilleur des hommes, Marc-Aurèle, détrôné dans la reconnaissance du monde, pour faire place à Napoléon ! ! !

Mais poursuivons, Lecteur ; vous ne me saurez pas mauvais gré de vous retracer encore quelques lignes de la façon de MM. les sénateurs.

*Sire*, continue le comte Ch., *tous les élémens du bonheur national sont renfermés dans cette constitution qui n'a pas été imposée, mais acceptée ; contrat sublime où le prince stipule pour toute sa race et pour la postérité.*

Écoutons maintenant le comte R. D.

*Sire, les hommes ne sont pas le patrimoine d'une famille ; on n'hérite pas du pouvoir de commander, etc.*, *etc.* Voilà des gens parfaitement d'accord ! *Risum teneatis*, etc.

Et dans cette confusion d'opinions et de sytèmes opposés, il leur arrive souvent de promulguer, de consacrer, avec solennité, les principes en vertu desquels ils sont condamnés par la raison universelle des peuples, et par la justice européenne :

SIRE, dit M.r L...x, (au nom du Loiret) *un orage politique, sans exemple dans les fastes du monde, a privé momentanément le vaisseau de l'état de son pilote*, etc. *Cet orage aurait-il pu anéantir le contrat auguste qui liait le prince aux sujets et ceux-ci à leur prince !* NON, SANS DOUTE; *un droit acquis et réciproque ne saurait être détruit par un fait qui n'a été que le résultat de la force*.

(11) *Vous que poursuit l'indignation de tous les cœurs généreux*, etc.

Oui, je ne crains pas de le dire, tout français, portant un cœur d'homme, à quelque opinion politique qu'il appartienne, doit éprouver l'amertume d'un juste et profond ressentiment contre ces vils imposteurs qui, les premiers, jadis, ayant embouché la trompette pour proclamer la sainteté et l'*imprescriptibilité* des droits de l'homme, sont ensuite parvenus, à force de crimes et de bassesses, à déshonorer, parmi nous, l'idée de la liberté et même son nom. Il était réservé à Louis-XVIII de nous réconcilier avec ce nom et quelques autres, en combinant sagement, avec la majesté du trône et avec ses droits, le plus haut degré de liberté dont on puisse jouir dans une constitution monarchique, et peut-être même dans aucune autre forme de gouvernement.

(12) *Cette Rome qui vous fournissait jadis*, etc.

Chacun se souvient du tems de délire où le nom de Rome semblait légitimer les plus atroces folies. Ils voulaient, contre la nature des choses, nous *tailler*, pour me servir de l'expression de Montaigne, *au patron de la Rome antique*; et c'était l'opération de Procruste: avec cette différence pourtant, que celui-ci coupait les pieds, et les autres les têtes.

(13) *Salluste semble avoir raconté*, etc.

Ce n'est pas une idée neuve que de chercher, dans les auteurs de l'antiquité, des passages qui s'appliquent, d'une manière frappante, à l'histoire de notre tems; et de charger, pour ainsi dire, sa palette des mêmes couleurs qu'ils ont apprêtées pour peindre leurs désastres, quand on veut faire le tableau des nôtres. Il parut en 1802, je crois, un petit ouvrage ayant pour titre: *Histoire de la révolution française écrite par une société d'auteurs latins*. Cet essai réussit, et fit éclore depuis plus d'une imitation de ce genre. Dernièrement encore un rédacteur de la Gazette de France citait quelques phrases de Salluste relativement aux événemens actuels; mais il fesait, à ses lecteurs, la petite supercherie de s'appliquer le mérite de l'idée originale. Pour nous, qui venons après tant d'autres, nous avons eu pour but, dans ce parallèle, d'éclairer la raison de nos lecteurs, bien plus que d'amuser stérilement leur esprit. Cependant, si les proportions que nous avons adoptées nous permettaient de nous étendre, nous ferions observer ici, par exemple, que la plupart des traits dont Salluste compose le portrait de Catilina, conviendraient également à Buonaparte; on peut s'en convaincre, en lisant l'auteur-même. Nous nous bornerons à remarquer celui qu'il ajoute à tous les autres :

. . . . . *Catilina multa nefanda stupra fecerat ; cum virgine nobili, cum sacerdote Vestœ, alia hujusmodi contra jus fasque.*

On a tant dit de choses sur le compte de Buonaparte, qu'il serait, sans doute, hors de propos maintenant de vouloir accréditer des imputations peut-être inexactes et fausses, et d'intercaller, dans la phrase latine, en lui en fesant l'application, *cum sororibus*. Mais il faut en convenir, tel fut l'excès de l'immoralité politique de cet homme extraordinaire, qu'il a pu facilement établir l'opinion de son immoralité domestique.

> Quiconque a pu franchir les bornes légitimes,
> Peut violer enfin les droits les plus sacrés.
> Racin.

Il faut retourner la maxime :

> Celui qui viola les droits les plus sacrés
> Dut franchir aisément *les bornes légitimes*.

(14) *L'excès du luxe avait enfanté l'extrême cupidité et l'extrême misère*, etc.

N'en déplaise aux jolis vers du Mondain, aux déclamations d'Helvétius et de quelques autres, le luxe a toujours été, sera toujours, la première et la plus active cause de la chute des états, comme de la ruine des fortunes particulières. Les lois somptuaires (*a*)

---

(*a*) Bodin, au Traité de la République, cite une ancienne loi somptuaire de Marseille, qui défendait de donner aux filles plus de cent écus de dot, et plus de cinq écus en vêtemens. A ce prix, que de filles aujourd'hui, malgré leurs charmes, seraient condamnées au célibat.

seront toujours la meilleure digue qu'on puisse opposer à cette course précipitée des sociétés civilisées vers leur dégradation et leur anéantissement.

Ecoutons, un moment, Montesquieu :

» La grandeur de l'état fit la grandeur des fortunes particulières; mais comme l'opulence est dans les mœurs, et non pas dans les richesses, celles des Romains, qui ne laissaient pas d'avoir des bornes, produisirent un luxe et des profusions qui n'en avaient point. Ceux qui avaient d'abord été corrompus par leurs richesses le furent ensuite par leur pauvreté, avec des biens au dessus d'une condition privée ; il fut difficile d'être un bon citoyen avec les désirs et les regrets d'une grande fortune ruinée ; on fut prêt à tous les attentats et l'on vit une génération de gens qui ne pouvaient avoir de patrimoine, ni souffrir que d'autres en eussent. »

» Telle fut pourtant la force de l'institution de Rome qu'elle avait conservé une valeur héroïque et toute son application à la guerre, au milieu des richesses, de la molesse et de la volupté ; ce qui n'est, je crois, arrivé à aucune autre nation du monde. »

Si Montesquieu avait vécu jusqu'à nos jours, il n'aurait pas écrit cette dernière phrase : et il serait digne, sans doute, de la rare sagacité de ce beau génie d'expliquer comment l'excès même de notre corruption a pu devenir la source de nos exploits guerriers, et de tous ces brillans trophées si chèrement expiés à l'heure qu'il est.....

(15) *La nécessité d'un nouveau système*, etc.

C'est une insoutenable absurdité de vouloir que l'empire des mêmes lois se perpétue indéfiniment ou de prétendre ressusciter des institutions mortes de caducité, qui ne pourraient plus s'adapter au tems où l'on vit. *Ce qui fut bon, dans un tems, cesse de l'être dans un autre.* Rien de plus incontestable que cette maxime. Rome, perdue de corruption, devait cesser d'être libre. » La république devait être abattue, dit l'auteur célèbre que nous venons de citer, il n'était plus question que de savoir par qui elle le serait. » Or, il se rencontra, à cette époque, l'homme le plus capable de l'asservir qui put exister. » On parle beaucoup de la fortune de César; mais cet homme extraordinaire avait tant de grandes qualités sans pas un défaut, quoiqu'il eût bien des vices, qu'il eût été bien difficile que quelque armée qu'il eût commandée, il n'eût été vainqueur, et qu'en quelque République qu'il fût né, il ne l'eût gouvernée. » *Grand. et Décadence des Romains.*

(16) Camille, vengeur et pacificateur de Rome, engagea ses Concitoyens à élever un temple à la Concorde. Ainsi cette grande et belle idée du culte le plus heureux de tous peut-être, appartient au grand homme qui sut faire à la patrie le sacrifice des plus justes ressentimens. Il est cependant vrai de dire que les Grecs déjà honoraient cette Déesse à Olympie. On représentait la *Concorde militaire* sous la figure d'une femme, vêtue d'une longue draperie, et placée entre deux étendards. La *Concorde civile* était une femme assise, portant, dans ses mains, une branche d'olivier et un caducée, ou une corne d'abondance. Son symbole était aussi quelquefois les deux mains unies.

Il ne reste plus que des ruines, douteuses encore, du temple de la Concorde.

(17) *Après l'énergique harangue de Cicéron,* etc.

C'est le fameux *quo usque tandem.* Cette harangue, comme toutes celles de Cicéron, ne nous est point parvenue telle qu'il la prononça. Quelle que fût la *faconde* naturelle du prince des orateurs romains, on conçoit aisément que les qualités qui distinguent si éminemment son style, cette élégance, cette noblesse invariablement soutenues, cette pureté et cette correction parfaites, enfin cette magnifique abondance d'expressions, ne sauraient être le produit de l'improvisation la plus heureuse. On sait que Cicéron échoua dans la défense de Milon contre Clodius. Milon, banni de Rome, s'étant retiré à Marseille, Cicéron lui envoya, peu de tems après, la harangue qu'il avait si infructueusement prononcée pour lui; mais revue et travaillée à loisir. *Si elle eût été alors,* lui écrivit Milon, *telle que je la reçois aujourd'hui, je ne mangerais pas le beau poisson de la côte de Marseille.* On peut, sans doute, avoir de très-beaux, d'admirables momens à la tribune; mais après l'exemple de Cicéron, il ne sera pas téméraire d'avancer que les orateurs les plus sûrs de leur talent, et même M.r M., ont besoin d'épurer leurs discours, avant de les laisser passer sous les yeux du public. M.r M. a dû cette complaisante révision à des journalistes ou à ses amis; mais elle n'a pas été tellement attentive, qu'il ne soit resté, dans les siens, beaucoup de ces taches qui décèlent un homme peu familier avec les véritables beautés de la langue et du style; il y a des expressions d'une trivialité insoutenable; par exemple:

*donnons un coup de collier.* (a) On dira tout ce qu'on voudra, mais il me semble que c'est là parler comme..... Comme il ne faut pas.

(18) *On se ralliait autour du Sénat*, etc.

Malgré les divisions entre les Patriciens et les Plébéiens, qui subsistèrent constamment dans l'ancienne Rome, tel était le respect du peuple pour le Sénat, que, dans les momens de danger pour la République, il revenait à l'obéissance la plus aveugle, et se remettait du soin de sauver la patrie au patriotisme éclairé de cette compagnie célèbre. On sait la réponse de Cyneas à quelqu'un qui lui demandait ce qu'il avait vu de plus remarquable à Rome : *j'ai vu*, dit-il, *une assemblée de Rois*, fesant allusion au Sénat. A Rome, sous Tibère, ou à Paris, sous Napoléon, l'ambassadeur de Pyrrhus n'aurait plus vu qu'un ramas d'esclaves titrés.

(19) *S'occupent visiblement à renouer les fils brisés de cette trame infernale.*

Si des gens qui sont parfaitement tranquilles me demandent la preuve de ce que j'avance, je répondrai qu'elle est partout ; s'ils m'assurent qu'ils ne la voient pas, je leur dirai ce que Caton disait à César : *si tu ne crains rien, c'est pour nous une raison de craindre davantage.*

───────────────

(a) Je ne me rappelle pas le n.º du Moniteur dans lequel se trouve le discours où se rencontre cette expression ; mais je la garantis *textuellement exacte.*

(20) J'invite mes lecteurs à voir, dans Salluste, le beau parallèle qu'il fait de César et de Caton. Il faut convenir que, grâces à son pinceau, si le portrait de l'austère républicain imprime l'admiration et le respect, celui de César séduit et charme.

(21) *César, qui penchait en faveur des conjurés*, etc.

Salluste repousse, avec beaucoup d'art, l'inculpation portée contre César par quelques autres d'avoir trempé dans la conspiration. Toutefois cette opinion a prévalu.

(22) Rien ne prouve mieux quelle était, à cette époque, la corruption des mœurs dans Rome, que d'entendre César, en plein Sénat, faire ouvertement profession de matérialisme.

(23) *Pour sauver quatre ou cinq scélérats*, etc.

Quand le châtiment d'un petit nombre de grands coupables peut suffire à l'indignation générale, étouffer le germe des plus fatales discordes et de la rébellion contre l'autorité et les lois, la clémence qui ravirait ces coupables à la vindicte publique, ne serait-elle pas le plus faux et le plus malheureux des calculs ?

(24) *Double emploi*. Voyez ci-dessus la note (22).

(25) *Là où il y a moins de ressource pour la défense*.

Le lecteur remarquera aisément que la plupart des idées et des observations de Caton, sur la conjuration et ses suites, peuvent s'appliquer, avec une très-remarquable justesse, aux circonstances dans lesquelles

nous nous trouvons. Nous pouvons dire, comme lui :
où garderait-on les coupables ? dans la capitale ? Ce
serait refouler le venin vers les sources de la vie. Dans
la province ? le ferment de la révolte s'y développerait
avec bien plus de facilité, parce qu'il y aurait moins
de surveillance. Ainsi donc l'un des deux : point de
grâce pour eux, ou point de salut pour nous.

(26) *Les causes morales de la prospérité de Rome*, etc.

Salluste les indique parfaitement dans ce peu de
lignes. Il a fourni, à Bossuet, une partie des traits
dont ce grand homme a composé les trois ou quatre
dernières pages de son discours sur l'histoire universelle ; et ces trois pages sont, à leur tour, devenues
la matière du livre admirable de Montesquieu, sur
la grandeur et la décadence des Romains. *Rome ainsi
constituée*, dit l'évêque de Meaux, après une rapide
énumération des principes de son gouvernement et
de ses mœurs, *était du tempérament le plus propre
à former des héros*.

Mais on ne peut se refuser à convenir que Montesquieu a établi beaucoup trop systématiquement les
conséquences probables, et non pas d'une vérité absolue, de ces *principes* et de ces *mœurs*. J'aime
encore mieux le naïf bon sens de Plutarque dans son
parallèle de la fortune d'Alexandre et de la fortune
des Romains.

(27) *S'ils prennent une fois les armes*, etc.

S'ils prennent *encore une fois* les armes, ils feront
répentir leurs juges des lenteurs de la délibération.
Encore une fois, lecteur, attachez-vous à cette foule

d'application de détail dont je vous présente la matière et que je n'ai que le tems de vous indiquer.

(28) *Manlius Torquatus fit mettre à mort son propre fils*, etc.

Ce trait d'une sévérité de discipline militaire extra-rigoureuse, atroce même, a été beaucoup admiré et vanté par les enthousiastes stupides des vertus romaines. En revanche, il fut détesté des Romains eux-mêmes. *Voyez Tite Live*.

(29) J'avais trouvé tant de ressemblance entre ce Céthégus et le plus jeune de nos conspirateurs que je m'étais proposé de placer ici un autre rapprochement particulier : mais, au moment où j'achevais ces notes, le colonel L. payait de sa tête un crime qui, tout affreux et tout inexcusable qu'il est, ne fut peut-être chez lui que la suite des écarts d'une fougueuse jeunesse. Sous ce rapport, sa destinée peut encore inspirer quelque intérêt, mais les autres !....

(30) *Ils avaient fait de méchantes actions, mais n'avaient pas cherché à détruire le principe des bonnes.*

Les mauvaises doctrines nuisent assurément beaucoup plus que les mauvaises actions. Un Machiavel est infiniment plus coupable qu'un Alexandre VI et un Borgia, parce qu'il enseigne la tyrannie. L'auteur *des malheurs de la vertu* est digne de tous les châtimens, pour avoir osé faire l'apologie et l'éloge des mœurs détestables qu'un C., un H., un R., un D., un Z., se bornent à pratiquer.

(31) *Qui vous êtes déjà tant de fois survécus à vous-mêmes*, etc.

N'est-ce pas se survivre à soi-même que de changer tant de fois, en si peu d'années, de principes, de costume, de fortune et de nom ? N'est-ce pas se survivre que de se voir le duc ou le comte un tel, quand on s'est vu le *camarade* ou le *frère* un tel ? N'est-ce pas se survivre, enfin, que d'avoir échangé l'affreux bonnet de 93, contre les pierreries scintillantes d'un ordre d'institution monarchique ?

(32) *Ce qu'on a gagné au sublime métier de faire des révolutions*, etc.

Si la matière n'était pas et trop rare et trop chère, faire des révolutions, ou autrement *révolutionner les états*, pourrait un jour devenir un métier comme un autre. Ce métier a déjà ses principes fixes et ses procédés connus. On pourra bientôt l'exercer sans avoir tout le génie que l'invention suppose dans ses auteurs.

J'ai vu un honnête capitaine de corsaire, devenu très-riche à force de ruiner les autres, qui me disait, en parlant de son affreux métier : *notre commerce est le plus beau et le plus loyal du monde.* Cet estimable brigand ne connaissait pas le métier de faire des révolutions : il aurait été plus modeste.

(33) *Le souvenir réveillé de certains crimes*, etc.

Les grandes convulsions morales, comme les grandes révolutions du globe, les *éruptions* du crime comme celles des volcans, laissent des traces profondes et d'immenses débris que les siècles recouvrent à peine.

(34) Sacrifier le bonheur de toute une nation et la vie de deux cent mille citoyens, aux intérêts d'une fortune particulière, dire que tout périsse pourvu que je reste, c'est l'effet d'un égoïsme tellement abominable et tellement vaste dans son vouloir, qu'il commence à devenir d'une grandeur infernale. Satan seul a pu dire que le monde s'abîme, et que je sois satisfait.

(35) *De la religion, mère commune de tous les trônes de l'Europe*, etc.

La religion chrétienne a présidé à la naissance des modernes monarchies. Elle a établi la puissance des Rois sur les bases les plus sacrées : sur l'amour de l'humanité et sur la crainte de Dieu. Toute la justice est là ; quand les Rois ont été tyrans, c'est qu'ils ont cessé d'être religieux.

Ceux qui criaient tant à la superstition, tout-à-l'heure, ont été les plus superstitieux des hommes. Ils ont cru à l'homme des destinées ; ils lui ont immolé, comme nos sauvages ancêtres à Teutatès, des générations entières et leurs propres enfans. Ils ont fait et renouvelé, sous toutes les formes, cette indigne apothéose du crime heureux ; et si l'empire invincible des mœurs et des coutumes n'eut pas imposé à leur idolâtrie d'inévitables bornes, nous eussions vu bientôt le *Dieu Buonaparte*, ses prêtres, ses autels, et l'encens de ses adorateurs !.....

(36) Ceci n'a pas besoin d'explication ; on sait à quel excès de frénésie se sont livrés partout les sicaires du tyran, et particulièrement à Marseille. Il fallait, sous le sabre levé, crier vive l'empereur, et le sabre

frappait quand on n'avait pas crié assez fort, ou d'assez bonne grâce.

(37) Voyez l'ouvrage de M.<sup>r</sup> Benjamin Constant, publié peu de jours avant l'ouverture du Champ de mai : *Principes de politique applicables à tous les gouvernemens représentatifs, et particulièrement à la constitution de la France.* ( L'acte additionnel. )

L'audace, le délire et l'imprévoyance, caractérisent cet écrit. Suivant l'auteur, il est absurde de croire aux projets hostiles des Alliés. Il en atteste la raison naturelle des peuples. Il reproche élégamment aux Rois qu'ils ont *la mémoire courte*; que les tentatives qu'ils renouvellent ébranlèrent leur trône, il y a vingt-cinq ans. *L'étranger*, ajoute-t-il, *sait que nous sommes une nation grande et forte.* Et plus bas : *l'Empereur a donné, de la sincérité de ses intentions, le plus incontestable gage; il rassemble autour de lui six cent vingt-neuf représentans librement élus, et sur le choix desquels le gouvernement n'a pu exercer aucune influence.* On voit que M.<sup>r</sup> le conseiller-d'état est *prime saultier*, comme Montaigne. Avec lui, la mesure de la témérité et du mensonge se trouve à son comble d'entrée de jeu.

Tout ce qui suit est fidèlement extrait du discours que l'ex-prince archichancelier prononça au Champ de mai, avec une expression de sensibilité tellement pathétique, que l'attendrissement fut général dans l'assemblée. On trouvera que le journaliste exagère, mais on n'aurait rien à dire, si cette touchante scène s'était passée sur les bords du lac *Asphaltide*.

(38) *Quelle admiration !* Voy. les notes (10) et (35).

(39) *Vous recommandez votre cause perdue à l'énergie des générations à venir.*

Tout le monde se rappelle le fameux discours de M.<sup>r</sup> M. des Basses-Alpes. Ce discours est assurément une protestation vigoureuse, s'il en fut jamais, contre le retour des Bourbons. Mais la conduite de M.<sup>r</sup> M. qui, jusques là, paraissait toute naturelle est devenue subitement équivoque, et a finalement paru un problème insoluble quand on a vu M.<sup>r</sup> M. nommé par le Roi à la censure d'un journal. Tout le monde s'est écrié que le bruit de cette protestation fameuse n'avait pas assez retenti aux oreilles du monarque, pour les intérêts de sa justice et pour ceux de son trône. Quelques-uns ont observé que M.<sup>r</sup> M. avait, en effet, constamment servi la bonne cause, en paraissant la combattre de toutes ses forces. A la bonne heure, mais il faut au moins convenir que M.<sup>r</sup> M., comme la Providence, prend des voies terriblement détournées pour arriver à son but. Voilà ce que c'est que d'avoir tant d'esprit ; on a une espèce d'horreur pour les moyens simples et directs. D'autres ont dit que M<sup>r</sup>. M. n'était pas lui-même dans le secret du rôle qu'il jouait ; qu'il ne savait pas où le conduisait cette route parsemée de succès si flatteurs pour son amour-propre ; qu'il avait subi l'ascendant d'un plus puissant génie, que, que, etc.

Au surplus, M.<sup>r</sup> M. a de quoi se consoler, en se retirant, de tous ces *on dit* : il emporte une renommée d'orateur acquise à bien bon marché et qu'il ne trouvera pas de sitôt l'occasion de compromettre. Nous ne lui disputerons pas ici cette réputation et celle d'*homme d'état*, quoiqu'il y ait bien des choses à dire sur l'une et sur l'autre. Puisse cette modération disposer M.r M. à traiter désormais les autres avec plus de justice et de générosité.

(40) Nos Alliés, lorsqu'ils étaient encore nos ennemis, trouvaient, parmi nous, de puissans auxiliaires de leurs efforts : c'était une lassitude universelle de la tyrannie, et la conscience profonde, accablante, des injustices que nous avions exercées chez nos voisins, en son nom et par ses ordres. Si nos Alliés redevenaient maintenant nos ennemis, au mépris des traités, au mépris de cette belle et touchante maxime : *res sacra miser*; qu'ils ne s'y trompent pas ; nous reprendrions toutes les forces que nous leur avons prêtées, parce que la justice reviendrait se ranger de notre côté ; et nous trouverions, dans ce redoutable désespoir d'une nation défendant son existence politique, des ressources et des moyens de résistance dont nous semblons dépourvus en ce moment.

(41.) Il n'y a pas de prescription pour les droits inaliénables d'une nation généreuse. Il s'élève toujours, en quelque lieu, dans un siècle ou dans l'autre, un vengeur des abus cruels de la force, et alors se comptent tous les gémissemens perdus.

La chute à jamais mémorable de Napoléon doit devenir, pour les Rois et les peuples, la page la plus instructive de l'histoire ; et Virgile a, depuis deux mille ans, fait l'épigraphe de cette page : *Discite justitiam moniti et non temnere Divos.*

(42) Tout le monde a pu lire, dans les journaux, l'étonnant récit des scènes qui se sont renouvelées plus de huit jours de suite, dans la cour du vieux

Louvre, ou sous les croisées-mêmes du château. Et tout le monde sait aussi que ces inconcevables et scandaleuses scènes ont cessé depuis que le Ministre de la police, Monseigneur le duc d'Otrante, en vertu des ordres de Sa Majesté, s'est chargé de veiller à la police du jardin des Tuileries.

(43) *Jusqu'au dernier moment de leur existence.*

Le coupable qui ne se repent pas, doit se précipiter d'un crime dans un autre. Des hommes chez lesquels une profonde corruption du cœur a tari jusqu'à la source du remords, des hommes qui ont établi en principe que le succès tout seul décide du bon droit, doivent nécessairement persister dans leurs projets et leurs espérances.

(45) Les vers d'Ovide qui nous servent d'épigraphe conviennent, à coup sûr, beaucoup mieux à Louis XVIII, qu'ils ne convenaient à Auguste, à qui le poète les applique. En voici le sens littéral :

*Mais le Prince est lent à punir, prompt à récompenser; il souffre lorsqu'il se voit obligé d'être sévère; et sa main, avare de foudres, n'en lance que rarement.*

(46) *On s'égorge à Nîmes,* etc.

La ville de Nîmes a été livrée, pendant plusieurs jours de suite, aux horreurs de la dévastation et de l'assassinat. Je ne sais quelle imprudence sans excuse, ou quelle stupide méchanceté avait avancé, dans certains journaux, que les Marseillais avaient figuré, comme acteurs principaux, dans ces scènes affreuses. Tout le monde sait aujourd'hui que les Marseillais, depuis l'expédition de Gap, ne sont plus sortis du département. Au surplus, des plumes guidées par le plus noble patriotisme, se préparent à présenter un tableau exact et fidèle des événemens qui se sont passés dans cette ville, depuis le 20 mars, et qui ont pu servir de prétexte à des imputations non moins absurdes qu'odieuses. En attendant l'ouvrage dont s'occupe M.r Rostan, un jeune marseillais distingué par des talens reconnus, et par la plus aimable modestie, ( M.r Negrel ) a transmis, à Paris, un apperçu rapide sur le même sujet; et les journaux de la capitale se hâteront probablement d'en rendre compte avec cette impartialité qui semble plus que jamais nécessaire, pour achever de discréditer l'imposture et la calomnie, qui furent les armes favorites de la faction expirante.

( 47 ) *Des inimitiés éteintes depuis plus d'un siècle*, etc.

Les derniers cris de guerre, à Nîmes, étaient, pour les uns, à bas les Catholiques, et pour les autres, à bas les Protestans. Mais ces cris n'étaient que de vains prétextes ajoutés de part et d'autre à des *raisons suffisantes*.

( 48 ) Napoléon est parti pour Ste.-Hélène, avec une résignation inattendue. Il ne s'est inquiété que d'avoir des cartes pour se désennuyer pendant la traversée, en jouant le wisth avec ses compagnons de voyage : quelques-uns ne verront là qu'une indigne faiblesse, d'autres y verront de la grandeur d'ame; mais enfin le moment s'approche où Napoléon pourra être jugé de sang froid; mort à ce monde, qu'il a si long-tems troublé, les craintes et les espérances qu'il fesait vivre doivent mourir avec lui. Le voilà, comme dit M.ʳ de Pradt, entré dans le domaine de la postérité. Toutefois il est permis de croire que M.ʳ de Pradt lui-même est loin encore d'être l'organe de cette postérité. Il n'est peut-être pas assez dégagé de ressentimens et d'ambition.

# ERRATA.

La rapidité avec laquelle on imprime tous les ouvrages du genre de celui-ci, laisse inévitablement échapper bien des fautes. On remarquera souvent dans le nôtre l'emploi ou l'oubli, également inexacts, des signes de repos qui servent à séparer les membres d'une même phrase : la virgule, le point et virgule, *etc.* L'intelligence du lecteur peut facilement corriger l'altération légère du sens qui résulte de cette fausse ponctuation. Nous nous bornons à signaler quelques fautes qui tiennent à un faux emploi de termes.

*Pag.* 3. De dîme, de *féolité* — Lisez : de *féodalité*.

*Pag.* 20. Pressés, par les *créanciers* — Lisez : pressés par les *usuriers*.

*Pag.* 24. Vous aviez été reçus en *grâces* — Lisez : en *grâce*.

*Pag.* 41, *note* 4. De la chambre des *députés* — Lisez : des *représentans*.

*Pag.* 53, *note* 21. Par quelques *autres* — Lisez : par quelques *autres historiens*.

www.ingramcontent.com/pod-product-compliance
Lightning Source LLC
LaVergne TN
LVHW021006090426
835512LV00009B/2099